Kim bok-geun

시인 김복근

는개, 몸속을 지나가다

김복근 시집

는개, 몸속을 지나가다

Poetics 시학

■ 자서

숲속의 오솔길이라도 좋다.

사유의 유연함이 그리웠다.
자유는 사유에서 연유하며
자연과 뿌리를 함께한다.
생태계에서 일어나는 생명 현상의
양상과 질감을 보고 싶다.
그 내면의 이미지를 그리고 싶다.
난해와 언어유희,
유폐의 늪에서 벗어나려 한다.
사유의 유연함과 시조의 혼화渾和로
궁륭穹窿의 세계를 그리며 산다.
고향 강,
남강물의 흐름에서 부드러움을 본다.

한 줄기 싸한 바람이 지나간다.

2010년 1월
김복근

차 례

제1부 우포, 알을 낳다

제2부 지문 열쇠

제3부 노고단 가는 길

제4부 지구는 돌아간다

제5부 잡초의 시詩

제1부

우포, 알을 낳다

개미 행렬

지나온 험한 삶이 되돌아 보이지만

내가 가면 길이 된다
저 오만한 발걸음

깃발도 군악도 없이 위풍당당 걸어간다

는개, 몸속을 지나가다

절간을 오르는 길목에 버려진 타이어 한 짝 제 분을 삭이지 못해 둥근 눈을 끔뻑이고 문명에 길항하는 는개 물관을 따라가다.

잎맥마다 걸려 있던 초록빛 둥근 꿈은 실핏줄 타고 올라 포말로 부서지고 동화를 하는 이파리 힘겨워진 감성으로.

붉은 녹 스며들어 경화된 혈관처럼 제 무게 못 이기는 내 몸속 하얀 피톨 살기 띤 수액을 따라 중금속 능선을 치고 있다.

우포, 알을 낳다

나무에 숨어 있던 작은 바람 한 자락이
벌거벗은 여인네 그 매력에 혼을 앗겨
어울려 볼을 부비며 교접을 하는 게다

바람을 잉태한 물이 알을 낳기 시작한다
우렁이
게아재비
따오기
알 알 알……
부화는 빨개진 얼굴
가시연꽃 피우나 보다

달거리 하는 계집아이 설레는 가슴마냥
오소소 이는 물결 눈웃음 풀어내어
씨알을 달구는 몸짓 천년비경 문을 연다

늪

거꾸로 내려오는 한낮의 안개비다

뻘이 되어 젖은 마음 연뿌리로 감아들어

남몰래 여미고 다진

내 몸의 연민 같은

겨울 남강 · 1

젊은 날 한때 나의 핏줄은 투명하여
세상 모든 것을 담아낼 수 있었다.
물무늬 숨 가쁜 삶을 걸러낼 수 있었다.

수직으로 이는 파문 속보인 내 가슴엔
고갯마루 넘어가는 저녁 해 머문 자리
달리다 지친 세월이 별무리로 뜨려는가.

고향 강, 너 없으면 나는 겨울이다.
그리움 깊이만큼 그림자 길게 내려
언젠가 돌아가야 할 내 마음이 흐르고 있다.

겨울 남강 · 2

보리밭 어귀 돌아 갈숲으로 이어진 길
예닐곱 내 유년은 저음으로 배어들고
배고픈 산 그림자는 물 아래 더욱 깊다
젖어, 울고 싶은 가슴앓이 나의 귀는
팍팍하게 성긴 삶을 켜켜이 벼려내어
주름진 나이를 따라 온몸을 낮추었다
손안의 은모래가 시나브로 빠져나듯
수척해진 빈자리 호젓해진 여울에서
한 겹씩 매듭을 풀며
아버지 닮은 나를 본다

홍수

물동이째
들이부어
경계를 알 수 없는

뿌리 뽑힌
나무마냥
내 기억의
성은 무너져

짝 잃은
실내화 한 짝
웅얼대듯
두리둥실

태안반도 · 1

기분 전환이 필요한 건 비단 나만이 아니었다

구토하는 갈매기와 바위틈의 굴딱지며
기름에 절여진 갯벌 머리칼이 다 빠졌다

얼빠진 항해사 원망할 짬도 없이
반도를 거덜내는 칼바람이 일어서면
썰물은 조류를 따라 온몸이 시커멓다

몇 장의 젖은 부직포 뒤엉킨 범벅처럼
닦고 또 닦아내도 배어드는 슬픈 앙금

눈물이 그리운 바다 두 눈을 감고 있다

태안반도 · 2

태안반도 눈이 오면 기름띠가 줄어들까
인재를 덮어 보는 저 하늘의 측은지심
거덜난 해안을 따라 유화재로 내려온다

태안반도 · 3

어둠 내린 서해안 불 밝혀 서고 싶다
자궁을 지키려는 저 필사의 몸부림
한 차례 바람이 불어 깨금발을 뛰고 있다

삭히며 갈앉혀도 소금기 물이 배어
난 꿈을 꾸지 않아 바지락 딱총새우
상처난 산고를 알 리 없는 이 아린 삶의 터전

태안반도 · 4

진득한 기름띠로 얼굴을 조여대며
목숨 줄 끊어 놓는 저 위급한 상황에도
속내를 드러내지 않는 바다는 말이 없다

난동의 끝자락에 발정 난 갯강구는
진창에 갈앉은 갯벌 애처로운 눈빛으로
숨통을 틀어막아도 바다는 말이 없다

솟아오른 분노마저 침묵으로 덮어놓고
아픔은 아픔끼리 진화제 여울 되어
방파제 내 야윈 등은 가쁜 숨을 몰아쉰다

태안반도 · 5

누구도 우리 죽음 아파하지 않아요
왜 독배를 마셔야만 하는지 알 수 없어요
시커먼 원유덩어리 부리를 조아리며
지난날 그대 사랑 푸른 물결 그리워요
진창에 뚫린 구멍 시린 삶을 여며 놓고
천일염 몇 알 먹으며 청정 바다 꿈을 꿔요

죽방멸치

바다는 수면 아래 푸른 꿈을 키우고 있다
살과 뼈, 핏줄 사이 그 작은 틈새로
야성의 실안바다*는 시퍼렇게 살아 있다

바람이 수면의 현 비벼대는 소리에
미움도 그리움도 가지런히 끝을 모아
가볍고 가냘픈 몸매 거친 물살 갈라낸다

주름진 골을 따라 죽방에 오른 몸은
심장이며 허파며 허벅지를 드러낸 채
부신 눈 뒤틀린 몸짓으로 은비늘 번쩍인다

* 실안바다: 남해와 삼천포 사이에 있는 바다. 청정해역으로 낙조와 죽방렴이 유명함.

물

지나온 길 돌아보면 푸르고 맑아진다
살다 보면 야박한 세상이 눈물겨워
한 줄기 바람을 따라 출렁이는 은빛 파문

흐르다 갈라지다 굽이에서 합쳐졌다
더해도 하나
빼도 하나
저 빛나는 응집凝集
서로를 잡아당기는 연가를 부르고 있다

물이 물을 사랑하면 내[川]가 되고 강이 된다
'솟구쳐 오르려면 몸을 낮추어야 해'
감돌아 속삭이면서 뒤꿈치에 힘을 준다

제2부

지문 열쇠

장백폭포

천지를 돌고 돌아 천 길 벼랑이다

내 안에 나를 가는
숫돌 하나 품고 있어

굴러도 깨어지지 않는 옥구슬을 갈고 있다

생가, 잠을 깨다

이른 아침 오두마니 앉아 코를 탱탱 푼다

지친 몸 꺾인 관절 모진 날 다시 세워

작은 산 큰 산 그림자 남몰래 귀를 씻다

곰삭은 지난 기억 그윽하게 눈을 뜨면

새소리 바람 소리 열린 음표 그려 놓고

내 마음 익모초 달이듯 가을강을 건너간다

소금에 관한 명상

이른 아침 소금으로 머리를 감아 본다
숭숭 열린 머리카락 사이 짠물이 스며들어
바다를 그리는 마음 은빛 길을 만들고 있다
각진 소금이 둥글게 모를 깎을 즈음
내 몸의 구멍이란 구멍은 죄다 열리어
시간이 흘러갈수록 그 구멍은 커져 간다
삼투압을 하는지 땀방울이 흘러내린다
너저분하고 냄새 나는 기억들이 빠져나가며
부황 든 삶의 찌꺼기 방울방울 몰고 간다
소금에 절인 머리 찬물에 헹구면서
지명의 나이에도 오장이 뒤집히는 걸 보면
아직은 썩은 살 도려내는 새순이고 싶은 게다

지문 열쇠

손발이 다 닳도록 고생하심을 실감한다
아파트 출입문에 지문 열쇠 달렸는데
어머니 엄지손가락 문을 열지 못한다
아들 딸 젊은이는 쉽사리 열리는데
어머니 닮아 가는 아내의 지문까지
제대로 알지 못하는 새 아파트의 자동문
목메인 여든 세월 바지런한 성정으로
지워져서는 안 될 지문이 지워져도
'내 삶은 지울 수 없니라' 종요로이 웃으신다

경부암 수술

복수 찬 어머니의 뱃속은 미로였다
경부 아래 숨어 있어 겨우 찾았다며
잘라낸 자궁을 보여 주는 의사의 손이 붉다

바쁘다는 핑계로 무심했던 자식에게
온몸이 상하고야 젖은 속 열어 뵈며
생사의 경계를 넘어 에인 아픔 버무리다

종갓집 맏며느리 할 일이 남았다며
씨 누에 잠을 깨듯 꺼진 불 다시 켜고
무너진
여자의 꿈을 찾는
여든다섯 내 어머니

빈속, 저 버팀은 어디서 오는 힘인가
앙상한 가지 끝에 건듯 부는 바람 소리
뒤울안 담을 쌓으며 속눈물을 훔쳐낸다

비원

새장에 갇힌 세월 순백의 비원 안고
해마다 이월 초하루 용왕을 먹인다며
어머니, 두 손을 모아 연신 절을 하셨다

절을 할 때마다 어둠은 비껴 서고
미명의 아침 해를 받아 올리던 어머니

강물은 결빙을 풀며
쩡쩡 비명을 울리다

물은 살얼음 깨물면서 흘러가고 있었다
만 갈래 소망 모아 다독이는 손이 되어
바늘 끝 결 고운 마음 낮은 데로 길을 열며

허방을 짚다

황석산은 제 몸을 눈에게 내맡긴 채
찬바람 보폭마다 환하게 길을 내주며
허물도 흠집도 덮고 의연하게 맞이한다

잰걸음 가던 나는 허방 짚고 넘어졌다
내 아이젠에 내가 걸려 허벅지가 찢어지고
처치도 못한 상처에 통증이 밀려온다

눈보라에 덧이 나서 힘겨워진 겨울나무
넘어지지 않으려고 두 손으로 매달리다
그 나무 아픔이 너무 아파 내 아픔을 감추었다

함성

비가 온다,
와 하는 함성 속에 아이들이 내닫는다
눈이 온다,
와 하는 함성 속에 아이들이 내닫는다
와 하는 함성과 함께
비가 온다 눈이 온다

비를 맞고 눈을 맞고 머리털이 빠져 버렸다
내가 버린 비눗물과 내가 태운 가솔린은
산성비 산성눈 되어 산성땅을 만들고 있다

비를 맞고 눈을 맞고 머리털이 빠진 아이는
새싹이 돋아났다
엄마를 부르며
까마귀 떼 울음 같은 함성을 지르고 있다

귀를 닦으며

가슴에
눈물 고여도
얼굴에는
웃음 있다

이순을
살다 보면
낯빛을
가릴 줄
안다

열어둔
달빛 사이로
마음을
숨길 줄
안다

산다는 건

산다는 건
자르는 거다
자르면서
버리는 거다
버리면서
떠나는 거다
떠나면서
사라지는 거다

가랑비
내리는 가을
가만해진
낙엽처럼

산다는 건
구르는 거다
구르면서
스치는 거다

스치면서
넘는 거다
넘으면서
잊는 거다

풀잎 위
동그란 이슬
지나가는
흔적처럼

핑계

심장마비로 떠난 친구 부음을 전해 오는
아내의 목소리가 촉촉하게 젖어 있다
질긴 연 되돌아보며 먼 하늘 바라보다
안타까운 마음으로 애도를 하려는데
태진아는 배호의 안녕을 불러대고
슬퍼할 겨를도 없이 술잔이 돌아온다
퓨즈가 나가 버린 저 힘겨운 삶의 무게
너덜경 칡꽃마냥 에둘러 돌아가는 길
바쁘다 핑계를 하며 조문을 미루고 있다

적일寂日

내가 지금 무엇을 하고 있는지 모르겠다
돌아누운 기억들은 새 떼처럼 날아가고
어둠이 내린 시가지 바람이 불고 있다

밥을 먹고
옷을 입고
대문을 나설 때는
제법 할 일도 있고
갈 곳도 많았는데……

하늘이 무거운 나는 안경알을 닦는다

혼자서 구기며 살아온 길 다시 펴질까
흑백의 자막字幕이 슬립처럼 내리는 밤
비워둔 행간 저편에 적막 한 점 걸려 있다

때묻은 손이 미안하다

산다는 건 미안함을 더해 가는 일이다
달빛도 혼자 내려 말이 없는 시간
비워진 행간 사이로 말간 바람이 분다

연무가 자오룩이 덮여 있는 길섶에서
가지도 못하고 돌아서지도 못하여
오욕에 멍든 마음을 안으로 곰삭이며

잊어버려라 잊어버려라 아득히 잊어버려라
잊어야 할 것이 남아 있다는 것은
그나마 다행한 일이다 사무치는 일이다

마음을 비운다는 건 가진 자의 사치일 뿐
한 사발 쏟은 피로 가슴이 아려 오면
얼룩진 삶의 모롱이 때묻은 손이 미안하다

제3부

노고단 가는 길

밤

밤은 포유류다
꽃잎의 눈물이다

속절없이
빨려드는
저 일몰의
고요

저마다
안고 살아온
군청빛
오솔길이다

푸른 밤

어둠 내려 밤이 와도 빛은 살아 있다
달빛은 달빛대로 별빛은 별빛대로
안으로 휘감아 돌아 스스로 등이 된다
견디기 힘든 삶의 무게 눈물겹지만
메마른 세상살이 생피를 풀어 놓고
휜 허리 곧추세우는 한 마리 새가 되어
허기진 삶의 비탈 야간비행 선회하다
잠시, 숨을 고르며 날개를 사리며
명주에 쪽물 들이듯 시퍼런 하늘 본다

무서리

어둠을 곱게 갈아 은밀해진 손길이다
내일의 꿈을 그리는 한밤의 진저리다
지상에
볼을 비비는
여인이다
속삭임이다

빈 들녘 다독이듯
여명을 끌어당겨
잊고 산 지난 일들 허물을 덮어 주며
맨발로 밟고 온 자리 가을날의 하얀 편지

샤브샤브*

네 연한 살을 입 안에 넣으며 나는 즐거워한다

술 마시는 자리라 굳이 말하지 않았지만
오늘 밤 나의 안주는 너가 남긴 주검이다

너의 전생을 곱씹으며 나의 삶을 돌아본다
나의 살을 저며내어 누구의 먹이가 된다면

도마 위 저 빛나는 칼날, 나를 노려보고 있다

* 샤브샤브: 꿩이나 소의 연한 살을 저며내어 뜨거운 물에 살짝 데쳐 먹는 일본식 요리법.

소금에 관한 명상 · 3

그녀의 차가운 손이 예리하게 움직였다

파랗게 벼려진 칼 오장은 갈라지고

정갈히 뿌려진 소금 내 몸은 간 절여졌다

볼모 된 몸으로 염장塩葬을 치러낸 채

하루에도 몇 번씩 파도 소리 들으며

주검은 또 다른 생명 윤회의 꿈을 꾼다

잠자리 연가 · 1

튀어나온 두 눈으로 사랑을 나누려다
씨 날로 엮은 핏줄 우화로 풀어내어
투명한 날개 사이로 풀무질을 하고 있다
두 볼을 마주하며 으늑해진 나의 몸은
바지랑대 가는 허리 발그라니 상기되어
사방을 휘둘러보며 함께하는 잠자리
따가운 볕살 아래 비우듯이 가벼워져
붙은 자리 붙어라 꽁지를 까닥이다
붉은 맘 감출 길 없어 맴 그리듯 자로 난다

잠자리 연가 · 2

그대를 바라보다 두 눈이 불거졌다
순두류 계곡물이 간지럼을 태우는지
햇살이 내리는 한낮 야성은 살아나서
설레는 몸짓으로 구애의 춤을 추다
둥글게 맴을 돌며 제 짝을 후려내어
다 벗어 그리운 사랑 허리춤이 빨개졌다
페르몬 진한 향 바람으로 몰려오면
흘레하는 잠자리
마음 놓고 몸을 섞어
가녀린 가지 끝에서 오르가슴 그네를 탄다

잠자리 날개 사이로 내린 햇살

내 여인의 눈매 닮은 반백 년 처녀림은 비 그친 구름 사이 한 덩이 정적으로 내 삶의 소실점 보며 타래실을 풀고 있다

숨 조이던 그물 새로 막힌 피가 흐르는가 검푸른 야성과 바람과 화해를 하며 만 날에 만 날을 기다리던 유월의 금강초롱

심장을 치고 나온 재회의 그리움은 허물어진 집까지 여명으로 밝혀내어 잠자리 상모 돌리듯 신화처럼 저리 날고

잠행하는 날개 사이 무더기로 내린 햇살 빗장을 풀기 위해 꽃잎 열쇠를 꽂고 있다 조각난 모국어 찾아 바람 부는 언덕에서

가을 소쩍새

반월산 소쩍새는 시월에도 울고 있다
비 오는 봄을 지나 천둥치는 여름까지
긴 슬픔 목쉰 소리로
하늘을 가르고 있다

바래이듯 오랜 언약 새벽을 헤적이며
제 덫에 제가 채인 죄업을 저리 풀어
사무쳐 서러운 마음
하염없이 울고 있다

비천상飛天像

갈기 세운 여인의 움직임이 유연하다

바람의 숨결은 아직도 살아 있어

화려한 잉태를 위해 공력을 들이고 있다

날 세운 채찍으로 하늘을 가르며

구름 위에 피리 부는 풍만한 몸짓으로

면벽의 세월을 깨워 울고 있는 발굽 소리

겨울 개구리

어스름이 어둠 되어 품안에 안기는 시간
가슴 죄며 바장이다 정중와井中蛙로 눌러앉아
울음도 제풀에 지쳐 복지부동 엎드렸다
고뿔 든 추위쯤은 아랑곳하지 않고
부드러운 포옹 속에 가부좌를 틀고 앉아
그 여름 무논의 기억 사려둔 사연마냥
동안거 숨을 죽여 닫힌 문은 말이 없고
염소자리 별을 찾던 바람머리 나의 시는
만 갈래 시름을 재워 잠보다 긴 꿈을 꾼다

노고단 가는 길

1

화엄사 뒷길 따라 화엄화엄 올라간다
청댓잎 가로 물고 가쁜 숨을 몰아쉬며
경건한 제의를 하듯 노고단을 바라본다

2

노란 실선 위로 바람 불고 비가 온다
교차하는 계절 사이 화무십일홍 꽃이 진다
그 길을 가로지르며
화사 한 마리 가고 있다

사람이 만든 포도는 야생동물 비명의 길
화사 등에 힘을 주듯 자동차가 지나간다
그 위로 다른 차가 가고
또 다른 차가 가고

3

어울리며 숨쉬던 지리산 저 넓은 품에

아무 일 아니라는 듯 구름은 지나가고
수습할 유해도 없는 주검
흔적 없이 사라진다

제4부

지구는 돌아간다

정동 일출正東 日出

말간 하늘 젖은 바다 애무하는 몸짓으로
활활 이는 그리움 솟구쳐 오르나니
형형한 눈빛을 실어 동창을 열고 있나니
암호문 활자 같은 정동진 역사驛舍 앞에
잠자던 풀잎도 무심하던 소나무도
파도에 살을 부비며 관능의 옷을 벗고
천 년 산고 끝에 갓 태어난 생명마냥
순산을 발원하며 동살이 하던 여자
난바다 붉은 해를 토하며 하늘 문을 열고 있나니

시산제

저 높은 정수리에 자존의 띠를 둘러
언제나 편안한 듯 사계절 늠름하다
고단한 날개를 사려 가부좌 틀고 앉아
흰 눈 내린 태백산
날 선 바람 사이
살아 천 년 죽어 천 년 주목의 염원마냥
시린 손 가만히 모아 마음을 다잡는다
경건한 삶의 찬미 경배하는 눈빛으로
빈 산에 부려 놓는 등산객 작은 소망
솔바람 입김을 불며 단전에 힘을 준다

봄눈

갈 길을 알지 못해 마음대로 날아보다
줄기 세포 분열하듯 가늘어진 미립자로
새하얀 봄날의 눈빛 일탈의 꿈을 꾸며
순간에 소멸되는 슬픈 운명 뒤로한 채
한식도 한참 지나 여유로운 몸짓마냥
따스한 햇살 번지는 저 철없는 날갯짓
앞서거니 뒤서거니 위풍당당 춤사위로
천 길 낭떠러지 군무하듯 내려오면
바다는 때아닌 투정 너그러이 받아 준다

야간 산행

비 오는 가을 저녁
네 곁으로 가고 싶다
누각을 굽이도는 다갈색 설움으로
산 안에 들어앉은 산
똬리 틀고 앉아 있다
내가 할 수 있는 마지막 의지인 양
어둠을 우려내며 빠르게 오는 시간
아직은 걸어야 한다
저 무거운 삶의 질량

장승

가슴에 새긴 설화 매캐해진 길목에서

저무는 창을 보며 화경 같은 눈을 뜨고

내 삶을 스치는 구름, 혹은 때묻은 시간들은

에돌아 누벼 온 길 먼 데 바람으로 울고

지나온 죗값으로 흔들리는 마음 갈피

닦아도 닦이지 않는 얼굴을 닦고 있다

흙의 엘레지

썩은 물과 폐비닐, 고등어 도막, 수박 껍데기
변명도 할 수 없이 젖어 버린 염색체
환각의 식민지가 된 나를 차례로 점령한다
안개를 바라보며 빠진 힘 추스르며
시들어 가는 슬픈 생애 안간힘 해 보지만
쑤시고 결린 몸으로 까치발도 하지 못해
뻘물같이 스며드는 마취의 검은 손은
에테르에 취한 양 위험 수위 넘나들며
아득한 공간에 몰려 낡은 숨을 쉬고 있다
살풀이 배뱅잇굿 쉬지 못해 지친 지표
신경성 두통에 만성간염 앓아대다
경화증 걸린 육질은 황달을 앓고 있다

땡볕

천일염 익어 가듯
이글이글 타오른다

내 맘에
불이 나서
양동이로
물을 부었다

내 맘에
물
붓고
부어도
불난 불은
꺼지지 않았다

홍도

그대는
붉은 여유
간절함으로
비어 있다

귓불
스치는 바람이
짭짤하게
불어오면

물 위에
뜨기 위하여
부레를
키우고 있다

서우승 가는 길

부러지면 부러졌지 굽히지 않던 삶이
마지막 가는 길은
절명하듯 떠나갔다
호방한 통영 사나이 밤바람을 타고 갔다

저승길 가시밭길 날 세운 벼랑 위로
두 손 휘휘 내저으며
내 신발 끌고 가다
남망산 되돌아와서 다음날 돌려주고

미래사 심부름 가는 길* 양파를 씹으며
술 한 잔 들이키듯
시 한 수 읊조리다
황톳빛 언덕 너머로 섬광처럼 떠나갔다

---

* 서우승 시인의 시제에서 따옴.

탐진강 산책

야성이 사라져 간 탐진강 길을 간다

잠속의 꿈을 접는 버들치 몸짓으로

문명의 쓴맛을 보며 더부살이 삶을 살다

되돌아갈 수 없는 시퍼런 광기 모아

벙어리 예장 받듯 은어 떼를 몰고 가며

어스름 내리는 밤길 퍼덕이는 백로 한 쌍

간석지 덮어 버린 보수된 둔치에서

바짝 마른 정강이 절뚝이는 갈대마냥

어깃장 걸음걸이로 여수旅愁의 길을 간다

지구는 돌아간다

사람들이 쏟아 버린 뿌연 물을 마시며

허연 눈 뒤집고 살던 저 우울한 물고기 떼

황홀한 질식을 향해 수족관을 헤맨다

수은에 녹슨 내장 온몸이 뒤틀려도

강물은 흘러가고 봄은 돌아온다

내일을 아는 듯 모르는 듯 지구는 돌아간다

제5부

잡초의 시詩

꽃, 근친상간

진한 향 정 받아라 암수끼리 어르다가
근지러운 몸과 마음 불타는 갈망으로
존재의 흔적을 위해 살과 살 들비비다
절정에 귓불 붉히는 새색시 마음인 양
순백의 햇살 아래 온몸을 뒤섞으며
티 없는 물관 저편에 불씨 한 점 떨궈 놓고
가슴이 타는 사랑 아름다운 구속으로
혼음한 부끄러움 두 귀를 옹송그리며
새빨간 꽃내 여미어 출산하는 까만 씨알

매화

우리 어찌 항상 뜨겁게만 살 수 있으랴
꽃을 피우기보다는 기다리는 날이 더 많다
인고를 담금질하는 어기찬 몸짓으로
비 오고 바람 불어 입술이 부르튼 날
생때같은 목숨 위해 두 손을 움켜쥐고
쉼 없는 자동 펌프질 박동 소리 울린다
수직 상승 당찬 꿈은 그리움의 불씨 되어
나, 비굴하게 매달리지 아니하리
사무쳐 뜨거운 가슴 새로 돋는 씨눈이여

청포도

청포도가 시다고 지난날을 들추지 말게

반란을 꿈꾸던 어둠의 한켠에서

저물녘 쑥국새 소리 외로움을 달래며

자신에게 주어진 존재의 가능성

천 길 땅 밑 그리움을 캐어내어

냉염冷艶한 풀옷 차림에 하늘길을 열었다

찔레가시는 장미를 찌르지 않는다

고주박잠 부르는 연민의 몸짓으로
동정녀 하얀 울음 한 마당 살풀이춤
정원을 내어 주고도 볼 부비며 살아간다
바람을 안고 사는 실락失樂의 작은 길목
서슬 푸른 찔레가시 무장을 해제하고
장미의 웃음을 보며 오뉘처럼 살아간다

산적한 위선들이 암묵暗墨으로 널린 거리
천 길 밀림을 헤쳐 돌아보는 우리네 삶
어설피 닻줄 놓으면 상처 받지 않으려나

물칸나

하루를 살더라도 하늘 보며 살 일이다
더 높이 오르기 위해 깨금발 딛는 아픔
끈끈한 열기 속으로
숨구멍을 열어 놓고

바람 불어 흔들리면 내 몸은 불안하다
속 날개 갸웃하면 겉 날개 떨어지고
외줄기 물관을 따라 우듬지 바라보며

홀로 서려는 직립 의지
정점에 올라서서
오기로 타는 눈빛 저 높은 사유의 집
발바닥 젖은 마음은 연보라 꽃이 된다

은행나무 주차장

가을에는 은행나무 아래 주차를 하고 싶다
갈수기를 건너가는 바람 소리 종소리
가슴을 감돌아들어 사운대는 화음으로

은행도 노란 은행 차창에 물이 들어
저물녘 근심을 풀며
허기진 침을 삼키며
정갈한 갈피 속으로 이 연대 다 보내는 날

홀로이듯 시동 걸어 가만히 달려 보면
한 잎 두 잎 날리는 잎 어머니의 비가 되어
내 상처 작은 흔들림에도 파르르 떨고 있다

단풍

사라져야 돌아온다면 서러워할 것 없다
내 안에 숨어 피는 내 마음 곳간 찾아
밤새워 어둠을 잣는 저 가만한 몸부림
존재를 지워 가는 처연함을 내려놓고
투신할 땅을 찾아
단풍은
한 잎 두 잎
발갛게 달아오르며 숯막처럼 풍화한다

바람흔적미술관

하늘빛 내려오자 바람개비 돌아간다
골짝에서 일어나 언덕을 헤며 돌다
먼 데서 온 손님같이 사열하듯 지나간다
열려 있는 자유는 자유가 아니듯
야성 잃은 바람은 바람이 아니다
난기류 휘감아 돌아 어우러진 춤사위
꽃인 듯 눈물인 듯 애무하는 손길인 듯
지나가는 바람은 자연의 자위행위
내 마음 가난한 벽에 쪽물을 풀고 있다

겨울 덕유산

말없는 백두대간 즈믄 해 그리움에
철 이른 나비 한 마리 부화의 눈을 뜨고
눈 덮여 숨죽인 산죽 소생의 꿈을 꾼다.
끓는 피 타는 가슴 옷을 벗은 고사목은
바람 빛 마주하며 마음 문을 열어 뵈고
때 이른 삶의 생기는 사랑을 깨우려나.
촘촘하게 얽혀 있는 청 푸른 주목수해朱木樹海
나는 두 눈을 감았다 뜬다.
심호흡을 크게 한다.
그 작은 소요를 따라 원추리 한 촉 피어난다.

독도, 나는 외롭지 않다

푸른빛 물든 마음 땀에 젖어 있더라

수려한 자세로 난바다에 우뚝 서서

화성암 차가운 살결 생명을 불어넣어

사무쳐 그리운 날 자맥질 거듭하며

섬에다 섬을 더하여 새살 돋는 원력으로

해산海山은 일란성 쌍둥이 반만년 역사를 살아왔다

제 몸 하나 가누기가 저리 어려워

나는 외롭지 않다 말없는 항변인 양

쉼 없이 살을 섞으며 교신을 하고 있다

잡초의 시詩

이름을 모르는데 생일을 알 리 있나요
갈 곳 몰라 헤매다가 나이도 잊어버려
바람에 홀씨 날리듯 훌훌 털고 다닙니다

온몸이 시려 오면 옷깃을 여미면서
봉인을 뜯어내듯 무거운 몸을 열어
연초록 속잎 바라며 젖은 손을 내밉니다

밀려나는 어둠이 나를 흔들어 깨우고
흩어져 여는 세상 저 크고 깊은 울림
낯선 땅 발을 들이며 가만 눈을 떠봅니다

인간 중심주의를 넘어
— 김복근 시인의 『는개, 몸속을 지나가다』가 말해 주는 것

장 경 렬
(서울대 영문과 교수)

1

어느 때부터인가 우리 사회의 구성원들은 자연에 대한 태도에 극적인 변화를 보여 왔다. 근대화와 산업화라는 대의 명분 아래 자연에 대한 전통적인 경외감을 떨쳐 버린 채 자연을 인간의 이기적인 목적에 맞춰 이용하고 착취할 수 있는 대상으로 여기는 데 주저하지 않게 된 것이다. 즉, 사람들은 이용가치가 있느냐 없느냐에 따라 자연을 제멋대로 판단하거나 재단하고, 이에 근거하여 탐욕스럽게 제것으로 취하거나 냉정하게 내팽개쳐 왔다. 또는 자기에게 이가 되면 선이요, 자기에게 해가 되면 악이라는 투의 기준에 따라 자연을 보아 왔다. 아니, 자연은 오로지 인간을 위해 존재할 뿐 그 어떤 착취와 이용에도 감히 맞서지 말아야 하는 노예와도 같이 생각하게 된 것이다. 이 같은 인간의 도저한 자기 중심주의가 자연을 병들게 하고 황폐화시킴으로써 이제 생태계의 위기는 우리 사회의 구성원 모두의 문제가 되었다.

이 같은 인간 중심주의를 어떻게 극복할 것인가. 인간은 자연의 일부가 아니라 자연과 분리되어 있는 존재, 분리된 상태에서 자연을 지배하는 존재라는 믿음에서 나온 이 인간 중심주의를 과연 어찌할 것인가. 사실 물음에 대한 답은 물음 자체에 이미 내재되어 있으니, 인간과 자연 사이의 관계를 재정립함으로써 해답의 실마리를 찾을 수 있다는 점에서 그러하다. 다시 말해, 인간 중심주의에 대한 극복은 인간과 자연의 관계에 대한 반성적 사유에서 시작될 수 있다.

반성적 사유는 무엇보다도 인간과 자연을 구분하는 근거가 무엇인가에 대한 물음으로 시작될 수 있다. 일반적으로 인간은 자연에 존재하는 여타의 생명체와 달리 영적인 존재로 여겨지고 있다. 하지만 인간이 인간 자신의 주장대로 영적인 존재라고 하더라도 영靈이 인간의 존재를 가능케 하는 필요충분 조건일 수는 없다. 무엇보다도 인간에게는 영이 깃들기 위한 육체가 요구되기 때문이다. 게다가 인간만이 영적인 존재라는 증거도 없다. 이런 관점에서 보면, 인간이 자연에 존재하는 여타의 생명체와 근본적으로 다른 존재라는 논리는 인간에 대한 일종의 신비화에서 비롯된 것일 수도 있다. 아니, 더 극단적으로 이야기하자면, 인간이 자연에 존재하는 여타의 생명체와 달리 영적 존재라는 믿음, 영적인 존재 — 말하자면, 우월한 존재 — 이기에 자연을 지배할 수 있는 위치에 있다는 믿음 자체가 자만과 오만에서 나온 것일 수도 있다. 바로 이런 맥락에서 우리는 최근 생태학자들이 말하는 인간에 대한 겸손한 이해에 눈길을 주지 않을 수 없는데, 크리스토퍼 멘인즈Christopher Manes가 말하듯 정녕코 인간이란 "함께 존재하는 수백만의 아름답고도 끔찍하며 매혹적인 동시에 의미 있는 형상들 가운데 단지 한 종류일 뿐" 그 이상도 그 이하도 아닐 수 있다. 따라서 "호모 사피엔스[로 불리는 인간]의 지위를 좀더 겸손하고 낮은 원래의 자리로 복원"하고자 하는 마음가짐이 우리에게는 무엇보다도 요구된다.

김복근 시인의 시를 논의하기 위한 자리에서 우리가 이 같은 자기 반성의 논리를 펴는 이유는 무엇인가. 무엇보다도 김 시인이 이번에 발간하는 시집 『는개, 몸속을 지나가다』에 담긴 작품들을 읽으면서 우리가 그동안 등한시해 왔던 생태계의 문제에 진지하게 눈길을 주는 시인과 만날 수 있기 때문이다. 시인이 '자서' 에서 "생태계에서 일어나는 생명 현상의/양상과 질감을 보고 싶다" 고 했을 때, 그리고 "그 내면의 이미지를 그리고 싶다" 고 했을 때, 분명 그가 의도한 것은 겸손한 마음에서 비롯된 자연에 대한 진지한 관찰이다. 또는, 우리가 앞서 말했듯, 인간이란 "함께 존재하는 수백만의 아름답고도 끔찍하며 매혹적인 동시에 의미 있는 형상들 가운데 단지 한 종류일 뿐" 이라는 자각을 시로써 보여 주는 일이 그가 이번 시집을 통해 의도한 바일 것이다. '태안반도' 를 주제로 한 일련의 시들은 그가 이 시집을 통해 시도한 인간의 자기 반성을 선명하게 보여 주는 좋은 예일 것이다. 하지만 이 같은 시들보다 더 소중한 것은 있는 그대로 "생태계에서 일어나는 생명 현상의/ 양상과 질감" 및 "그 내면의 이미지"에 대한 기록으로서의 그의 작품 세계일 것이다. 우리는 이번의 논의에서 이에 대한 탐구에 소정의 지면을 할애하고자 한다.

김복근 시인의 이번 시집에서 우리가 확인하는 것은 단순히 "생태계에서 일어나는 생명 현상의/ 양상과 질감" 및 "그 내면의 이미지"에 대한 시인 특유의 기록만은 아니다. 그가 이번에 공개한 시적 기록에서 우리는 인간에 대한 따뜻한 이해의 마음을 읽을 수도 있거니와, 특히 어머니를 소재로한 일련의 작품은 절창이라 하지 않을 수 없다. 사실 자연에 대해 겸손하고 애정어린 마음을 갖는 이가 어찌 인간에 대해서도 겸손하고 애정어린 마음을 갖지 않을 수 있겠는가. 어떤 의미에서 보면, 대상이 자연이든 인간이든 겸손하고 애정어린 마음으로 대상을 바라보고자 하는 마음 — 나아가 대상을 '내 안'에 존재하게 하는 동시에 '내'가 대상의 일부가 되고자 하는 마음 — 은 김 시인의 이번 시집에서 가장 두드러진 특징이라고 할 수 있을 것이다. 이제 이를 확인하기 위해 김 시인의 시 세계에 구체적인 눈길을 주기로 하자.

2

생태계에 대한 김복근 시인의 시 세계에서 무엇보다도 주목이 요구되는 작품은 이번 시집의 표제가 된 작품인 「는개, 몸속을 지나가다」일 것이다. "는개"라니? 사전적 정의에 의하면, '는개'는 "안개보다 조금 굵고 이슬비보다 좀 가는 비"를 가리킨다. 아무튼, 우선 이 시를 함께 읽기로 하자.

> 절간을 오르는 길목에 버려진 타이어 한 짝 제 분을 삭이지 못해 둥근 눈을 끔뻑이고 문명에 길항하는 는개 물관을 따라가다.
>
> 잎맥마다 걸려 있던 초록빛 둥근 꿈은 실핏줄 타고 올라 포말로 부서지고 동화를 하는 이파리 힘겨워진 감성으로.
>
> 붉은 녹 스며들어 경화된 혈관처럼 제 무게 못 이기는 내 몸속 하얀 피톨 살기 띤 수액을 따라 중금속 능선을 치고 있다.
>
> —「는개, 몸속을 지나가다」 전문

무엇보다도 시의 제목을 문제 삼을 수 있는데, "는개, 몸속을 지나가다"라는 진술이 뜻하는 바는 무엇인가. 그 의미가 쉽게 떠오르지 않는 이 진술에 대한 이해를 위해 우리는 이 진술의 주어와 목적어를 바꿔 볼 수 있다. 즉, '몸, 는개 속을 지나가다'라는 진술을 상정할 수 있다. 이 경우 우리는 가는 비를 맞으며 산 속의 "절간을 오르는" 시인의 모습을 떠올릴 수 있다. 시인은 '몸, 는개 속을 지나가다' 라는 진술을 통해 바로 이 같은 정황을 낯설게 하고 있는 것이 아닐까. 하지만 이처럼 정황을 낯설게 함으로써 이를 통해 시인이 말하고자 하는 바는 무엇일까. 우선 비를 맞고 있는 시인의 마음에도 비가 내리고 있음을 상정할 수 있다. 이처럼 시인의 마음에도 비가 내리고 있다 함은 시인의 마음이 편치 않음을 암시하는 것일 수도 있다. 또는 '가늘고 가는 비' 라는 '는개' 의 이미지가 암시해 주듯 시인의 마음은 엷은 우수에 잠겨 있는지도 모른다. 무엇 때문일까. 아마도 시의 첫 행에 등장하는 "길목에 버려진 타이어 한 짝" 이라는 구절이 단서가 될 수 있을 것이다. 추측컨대, 시인은 정갈한 자연의 모습을 마음에 그리며 산속의 절간을 찾아가고 있었을 것이다. 그런데 예기치 않게 "타이어 한 짝" 이 "길목에 버려" 져 있는 것을 목도하게 되었던 것이리라. 자연 경관을 해치고 있는 문명의 한 잔해를 보며, 시인은 아마도 인간의 손길에 의해 이루어지고 있는 자연 훼손에 대한 상념에 빠져들게 되었는지도 모른다. 편치 않은 시인의 마음 또는 시인의 마음을 적시고 있는 엷은 우수는 바로 그런 맥락에서 설명될 수 있을 것이다.

또는 다음과 같은 해석도 가능하다. '는개, 몸속을 지나가다' 라는 상상 속의 정황을 '몸, 는개 속을 지나가다' 라는 사실적 정황과 병치시키는 경우, 또는 상상 속의 정황을 담은 진술과 마주하면서 사실적 정황을 담은 진술을 떠올리는 경우, 우리는 '몸' 과 '는개' 가 서로 겹쳐지는 가운데 경계 나누기 자체가 무의미하다는 판단에 이를 수 있다. 다시 말해, '몸'

과 ‘는개’ 는 서로 자리바꿈이 가능한 것일 수 있는 것이다. 좀더 직설적으로 말하자면, ‘는개’ 는 곧 ‘몸’ 이고 ‘몸’ 은 곧 ‘는개’ 일 수 있다. 이처럼 시인의 ‘몸’ 과 자연 현상인 ‘는개’ 사이의 경계를 허무는 경우, 적어도 시인의 의식 속에서는 자신의 몸과 자연이 ‘하나’ 일 수 있다. 결국 자연 속의 “타이어 한 짝” 은 시인의 의식 속에 자리잡은 채 그를 괴롭히는 아픔의 원인에 해당하는 그 무엇일 수 있다. 이런 관점에서 보면, “길목에 버려진 타이어 한 짝 제 분을 삭이지 못해 둥근 눈을 끔뻑” 임은 시인의 눈에 비친 외면 풍경에 대한 묘사일 뿐만 아니라 시인 자신의 내면 풍경에 대한 묘사로도 읽힌다.

이로 인해 이어지는 시적 진술에 대해서는 자연스럽게 시인의 몸 바깥쪽의 외면 풍경과 시인의 의식 안쪽의 내면 풍경에 대한 묘사로 겹쳐 읽기가 가능해진다. 말하자면, “문명에 길항하는 는개” 는 “타이어 한 짝” 으로 대표되는 문명과 “타이어 한 짝” 이 버려진 배경으로 대표되는 자연 사이의 부조화를 암시하는 것으로 읽히기도 하지만, 자연과 하나이고자 하는 시인의 의식 내부에 침투해 있는 문명적 요소와 시인의 마음 사이의 갈등으로 읽히기도 한다. 아무튼, “는개” 가 “물관을 따라가다” 니? 이때의 “물관” 은 물론 자연에 존재하는 것 — 이를테면, 식물의 도관導管 — 일 수도 있지만 이는 시인의 몸속 — 또는 마음속 — 에 존재하는 것일 수도 있다. 물론 시인이 이 시의 제2연에서 “실핏줄” 을 언급하고 또 제3연에서 시인이 “붉은 녹 스며들어 경화된 혈관” 을 언급하고 있지만, 그렇다고 해서 이때의 “물관” 이 문자 그대로의 “혈관”

만을 지시하는 것으로 읽어서는 안 될 것이다. 이는 일종의 비유적 의미에서의 물관으로 읽히기도 하는데, 넓게 보아 유기체로서의 인간의 몸뿐만 아니라 마음에 필요한 조직 가운데 하나를 암시하는 것이라 할 수 있겠다. 바로 이런 맥락에서 보면, "물관을 따라가"는 "는개"는 자연뿐만 아니라 시인의 몸과 마음에 생명의 기운을 부여하는 일종의 생명수로 이해될 수 있을 것이다.

이 시의 제2연에 담긴 "잎맥마다 걸려 있던 초록빛 둥근 꿈은 실핏줄 타고 올라 포말로 부서지고"라는 구절은 자연의 "물관" — 아울러, 시인의 몸과 마음속의 "물관" — 을 "따라가"는 "는개"의 움직임에 대한 묘사일 수 있다. 바로 이 구절만큼이나 시인의 섬세한 눈길을 확인케 하는 것이 이어지는 "동화를 하는 이파리 힘겨워진 감성으로"라는 구절로, "힘겨워진 감성"이 긴장의 순간을 암시한다면 "포말로 부서지고"가 이완의 순간을 암시한다고 할 수 있다. 즉, 우리는 여기에서 맺혔다 더 이상 지탱하지 못한 채 풀어지는 생명의 맥박을 확인할 수 있을 것이다. 아마도 제2연이 보여 주는 긴장과 이완의 순간이 반복되는 것, 그것이 바로 생명 현상일 것이다.

이처럼 제2연에서 우리가 확인할 수 있는 것은 자연이 문명에 "길항"하여, 그리고 자연과 '하나'이고자 하는 시인 — 즉, 생명을 향한 의지를 지닌 시인 — 의 의식이 몸과 마음에 침투해 있는 문명적 요소에 "길항"하여, 생명의 맥박을 유지하는 정황이다. 아니, 자연에 존재하는, 또한 시인의 몸과 마음에 존재하는 그 무언가 생명을 향한 강한 의지 — 또는 생명의 맥박을 잃지 않으려는 안간힘 — 를 우리는 제2연에서 확인할 수 있다. 하지만 제3연에서 시인은 일종의 파국 또는 파탄의 정황을 우리에게 제시한다. "붉은 녹 스며들어 경화된 혈관처럼 제 무게 못 이기는 내 몸속 하얀 피톨" 이 "살기 띤 수액을 따라 중금속 능선을 치고 있다" 는 진술은 생명을 향한 강력한 자연의 의지 — 또는 시인의 몸과 마음의 의지 — 에 문명이 가하는 폭력을 암시하는 것으로 읽힌다는 점에서 그러하다.

다시 이 시의 제1연으로 돌아가 논의하자면, "길목에 버려진 타이어 한 짝" 은 단순히 눈에 거슬리는 흉물만이 아니라, 생명의 자연을 죽음으로 몰아가는 하나의 동인動因이자 단초端初일 수 있다. 다시 말해, 자연에 "버려진" 문명의 폐기물이 어떤 것이든 그로 인해 자연의 "수액" 은 '생기' 가 아닌 '살기' 를 띠게 된 것이다. 하지만 "내 몸속 하얀 피톨" 이 "중금속 능선을 치고 있다" 니? 모두가 다 알고 있듯, 중금속은 지각을 구성하는 성분 가운데 지극히 미세한 것으로, 자연 상태에서는 결코 자연의 생태계에 해가 되지 않는다. 하지만 인간이 공업화 또는 산업화라는 미명 아래 자연을 제멋대로 착취하고 이용하는 가운데 중금속의 사용과 폐기가 되풀이되어 왔고, 이 과정에 중금속은 자연 환경뿐만 아니라 인간의 몸까지 오염시키는 유해 물질의 자리를 차지하게 되었다. 시인의 눈길에 의하면, "내 몸속 하얀 피톨" 이 "중금속 능선을 치고 있" 는 지경에 이른 것이다. 이처럼 자연 훼손은 곧 인간의 몸에 대한 훼손일 수밖에 없다. "는개" 를 매개로 하여 자연과 자신의 몸이 '하나' 일 수 있음을 감지하는 시인이 이 모든 상황을 꿰뚫어보고 있을 때, 어찌 그의 마음이 상념에 빠져들지 않을 수 있겠는가. 또는 엷은 우수에 젖어들지 않을 수 있겠는가.

생태계의 위기 또는 자연 훼손의 현장에서 시인이 느끼는 아픔은, 이미 앞서 말한 것처럼, "기름띠" 에 죽어가던 "태안반도" 에 관한 일련의 시를 가능케 하는데, 이들 시에서 김복근 시인은 아픔을 노래하되 감정의 절제를 끝까지 잃지 않는다. 물론 이 같은 감정의 절제는 조심스러운 시어 및 시적 이미지의 선택 때문에 가능했던 것이기도 하지만, 이에 관한 한 시조 형식의 역할도 무시할 수 없다. 어떤 관점에서 보면, 태안반도 연작시에 채용된 연시조 또는 단시조 형식은 "구토하는 갈매기와 바위틈의 굴딱지" 와 "기름에 절여진 갯벌" (「태안반도 · 1」)을 이야기할 때도, "자궁을 지키려는 저 필사의 몸부림" 과 "상처난 산고를 알 리 없는 이 아린 삶의 터전" (「태안반도 · 3」)을 이야기할 때도, 그리고 "왜 독배를 마셔야만 하는지 알 수 없어" 하는 바닷새(「태안반도 · 5」)를 이야기할 때도, 시인의 아픔을 선부른 감상感傷이 되어 넘쳐흐르지 않도록 하는 방파제의 역할을 하고 있다.

하지만 생태계에 대한 김복근 시인의 관심에 관한 한 주류를 이루는 것은 시인 자신이 '자서' 에서 밝힌 대로 "생태계에서 일어나는 생명 현상의/ 양상과 질감" 에 대한 진지하고도 섬세한 관찰이다. 아마도 「개미 행렬」, 「우포, 알을 낳다」, 「죽방멸치」, 잠자리에 관한 일련의 시, 「가을 소쩍새」, 「겨울 개구리」, 그리고 '잡초의 시詩' 라는 부제 아래 제시된 일련의 시 등등이 그 예가 될 것이다. 김복근 시인은 또한 딱히 "생명 현상" 과는 직접적인 관련이 없지만 넓게 보아 '자연 현상' 에 관한 관찰의 시로 규정될 수 있는 일련의 시들을 이번 시집에 담고 있다. 그 예가 되는 것이 「늪」, 「홍수」, 「물」, 「장백폭포」, 「밤」, 「무서리」, 「정동 일출正東 日出」, 「봄눈」 등으로, 특히 우리의 눈길을 끄는 것은 「홍수」다. 이 시는 대단히 간명한 시적 이미지들로 이루어져 있지만, 그렇다고 해서 결코 가볍게 넘길 작품이 아니기 때문이다.

물동이째
들이부어
경계를 알 수 없는

뿌리 뽑힌
나무마냥
내 기억의
성은 무너져

짝 잃은
실내화 한 짝
웅얼대듯
두리둥실

—「홍수」 전문

우선 위의 시는 홍수가 난 정황에 대한 사실적 묘사로 읽힌다. 물론 "내 기억의/ 성은 무너져"는 사실적 묘사와 거리가 멀다는 논리도 있을 수 있다. 하지만, 이때의 "기억의/ 성"이란 이제까지 굳게 마음속에 지녀 온 강에 대한 '기억'을 말하는 것으로, 이는 시인이 느끼는 심리적 정황에 대한 사실적 묘사로 읽힐 수도 있다. 다시 말해, 이전에 보아 왔던 강물의 흐름이나 강변의 모습은 언제나 변함이 없을 것으로 굳게 믿어 왔고, 또 그러한 믿음이 "기억의/ 성"을 이루어 왔는데, 갑작스럽게 그 "성"이 무너진 것이다. 언제나 변함이 없으리라고 생각했던 성채가 갑자기 무너진 것이다. 아울러, "기억의/ 성"의 무너짐을 시인은 "뿌리 뽑힌/ 나무"에 비유하고 있는데, 이는 "기억의/ 성"이 얼마나 철저하게 무너졌는가를 생생하게 보여 주는 역할을 하기도 하지만, 이와 동시에 홍수로 인해 나무가 뿌리째 뽑혀 나가는 정경 그 자체가 얼마나 처절한 것인가를 떠올리게도 한다. 말하자면, "뿌리 뽑힌/ 나무"와 무너진 "기억의/ 성"을 대비할 때 전자는 원관념元觀念, tenor이고 후자는 보조관념補助觀念, vehicle이지만, 보조관념이 홍수로 인한 현상의 하나라는 점에서 양자의 역할은 얼마든지 뒤바뀔 수 있다. 말하자면, 모든 기억이 파괴되듯 눈앞의 정경이 철저하게 파괴되고 있음을 생생하게 느끼도록 하는 역할을 하기도 한다.

한편 이 시의 제1연에서 홍수로 인해 강의 "경계를 알 수 없"을 정도로 물이 넘치게 된 것을 "물동이째/ 들이부어"로 묘사하고 있다. 홍수가 졌을 때 하늘에서 쏟아지는 물에 비한다면 물동이를 채운 물 정도야 양적으로 지극히 미미한 것이라고 할 수 있을 것이다. 따라서 '물동이 비유'는 사태의 긴박성을 약화弱化하거나 그 규모를 축소하여 전달하는 수사법이라는 지적이 있을 수 있다. 또는 부적절한 수사법이라는 지적도 있을 수 있다. 그럼에도 불구하고 시인이 이 같은 수사법에 호소하고 있는 이유는 무엇일까. 이 물음에 대한 해답의 단서 가운데 하나를 찾을 수 있는 곳이 제3연이다. 제3연에서 시인은 홍수로 인한 사태의 정황을 "짝 잃은/ 실내화 한 짝/ 웅얼대듯/ 두리둥실"로 묘사하고 있는데, 우리는 무엇보다도 이 부분을 지배하는 수사적 전략이 환유換喩, metonymy라는 점에 유의해야 할 것이다. 환유라니? 널리 알려져 있는 바와 같이 환유는 은유隱喩, metaphor와 짝을 이루는 개념으로, 이 두 개념을 처음 문제 삼은 사람은 러시아의 언어학자였던 로만 야콥손Roman Jakobson이다. 야콥손은 언어 장애 현상에 대해 연구 끝에 언어적 장애자들이 부분으로 전체를 표현하려는 경향 및 엉뚱한 것을 끌어들여 문제의 대상을 표현하려는 경향을 보인다는 점을 주목하고, 이 같은 현상은 문학적 글에서도 확인될 수 있는 바 이를 각각 환유와 은유로 규정한 바 있다. 아울러, 그는 환유는 사실적인 분위기가 생생하게 지배하는 글에서, 은유는 낭만적이고 환상적인 분위기가 지배하는 글에서 두드러지게 확인된다고 말한 바 있다. 바로 이런 논리에 비추어 볼 때, 정황 전체를 지극히 작은 일부의 현상을 통해 제시하고 있는 김복근 시인의 수사법은 일종의 환유라고 할 수 있으며, 그가 의도한 것은 사실에 대한 생생한 묘사라고 할 수 있다. 사실, 너무 크거나 너무 작은 것과 마주할 때 현상에 대한 인간의 인식 능력은 제한되게 마련이다. 어떤 의미에서 보면, "물동이" 나 "짝 잃은/ 실내화 한 짝" 은 사람들에게 사실을 사실로 생생하게 인식케 하는 데 적절한 크기의 대상, 크지도 않고 작지도 않은 대상인지도 모른다.

하지만 이 같은 설명만으로는 충분치 않다. 보다 더 근본적인 이유를 찾아볼 수도 있는데, 이와 관련하여 '물동이 비유'는 시인으로 대표되는 우리 민족 — 넓게 보아, 동양인 — 의 근원적인 의식 구조를 드러내는 수사법이라는 관점이 있을 수 있다. 어떤 의미에서 그러한가를 이해하기 위해 잠깐 카를 야스퍼스Karl Jaspers의 『비극론*Über das Tragische*』에 등장하는 서양인과 동양인 사이의 대비에 눈길을 주기로 하자. 야스퍼스에 의하면, 자연 또는 운명 또는 신에 대한 태도에서 서양인과 동양인은 대비가 가능한데, 전자의 태도를 대항 및 필사적 투쟁으로 요약할 수 있다면 후자의 태도는 조화 및 순응으로 요약할 수 있다는 것이다. 그로 인해 "긴장되고 강한 자의식에 사로잡힌" 서양인의 얼굴 표정과 "느긋하고 평온한" 동양인의 얼굴 표정 사이의 대비까지 가능하다는 것이 그의 견해다. 야스퍼스의 논의를 뒷받침하듯, 위의 시는 느긋하고 평온한 얼굴 표정의 동양인을 떠올리게 하지 않는가. 엄청난 홍수 사태와 마주하고서도 기껏 "물동이째/ 들이" 붓는 물을 연상하고 "실내화 한 짝" 에 눈길을 주는 시인의 모습에서 느긋하고 평화로운 마음으로 자연을 받아들이는 시인의 모습을 확인할 수 있다는 점에서 그러하다. 물론 자연의 엄청난 위력 앞에서 두려움도 있을 수 있고 또 이로 인해 비탄과

슬픔도 있을 수 있다. 하지만 기본적으로 자연은 투쟁과 극복의 대상이 아니라, 조화로운 일체가 되어야 할 대상인 것이다. 아니, 자연은 대상이 아니다. 자연은 나의 일부이자 나는 자연의 일부다. 바로 이런 자세가 나무를 뿌리째 뽑고 물 흐름의 경계를 바꾸는 홍수일지라도 내 주변에 일상적으로 존재하는 "물동이"의 물에 비유할 수 있는 마음의 여유를 허락한 것이리라.

사실 김복근 시인의 이번 시집에서 등장하는 모든 자연 현상이나 자연물들은 다정하고 친근하게 느껴진다. 어느 하나 거리를 느끼게 하는 것들이 없다. 아마도 이 같은 느낌을 어느 작품보다도 선명하게 드러내는 작품이 「겨울 남강 · 1」일 것이다.

> 젊은 날 한때 나의 핏줄은 투명하여
> 세상 모든 것을 담아낼 수 있었다.
> 물무늬 숨 가쁜 삶을 걸러낼 수 있었다.
>
> 수직으로 이는 파문 속보인 내 가슴엔
> 고갯마루 넘어가는 저녁 해 머문 자리
> 달리다 지친 세월이 별무리로 뜨려는가.
>
> 고향 강, 너 없으면 나는 겨울이다.
> 그리움 깊이만큼 그림자 길게 내려
> 언젠가 돌아가야 할 내 마음이 흐르고 있다.

— 「겨울 남강 · 1」 전문

제1연에서 시인은 “나의 핏줄”을 노래하고 있는데, 이때의 “나의 핏줄”은 말 그대로 시인의 핏줄을 암시하는 것일 수도 있지만 남강을 암시하는 것일 수도 있다. “투명하여/ 세상 모든 것을 담아낼 수 있었”고 “물무늬 숨 가쁜 삶을 걸러낼 수 있었”던 “핏줄”은 때묻지 않은 젊은이의 모습을 떠올리게도 하지만, 원초적인 순수함을 지닌 강 자체의 이미지를 떠올리게 한다는 점에서 그러하다. 이처럼 대상과 자아 — 이 경우, “나”와 “강” — 의 경계를 무화無化하는 전략을 우리는 이미 「는개, 몸속을 지나가다」에서 확인한 바 있다. 이 같은 전략을 시인이 의식적으로 사용하고 있든 무의식적으로 사용하고 있든, 우리는 여기에서 자연과 “나” 사이의 경계를 없앰으로써 자연과의 조화로운 삶을 꿈꾸는 시인의 마음과 만날 수 있다. 정녕코 자연과 인간 사이의 대립이 아닌 조화를 꿈꾸는 삶이란 굳이 야스퍼스의 논의를 들먹이지 않더라도 동양적 삶의 이상이었고, 인간이란 “함께 존재하는 수백만의 아름답고도 끔찍하며 매혹적인 동시에 의미 있는 형상들 가운데 단지 한 종류일 뿐”이라는 자각에서 출발한 오늘날의 생태주의 운동에 근본적인 동인動因이라고 할 수 있다.

이 시의 제2연에서도 역시 시인은 자연과 자아 사이의 경계 없애기를 또 다른 각도에서 시도하고 있다. 우선 “고갯마루 넘어가는 저녁 해”가 바로 “내 가슴”에 있음을 암시하는 시적 진술에 유의할 수 있을 것이다. 아울러, “달리다 지친 세월”이란 “강”이 보낸 세월일 수도 있지만 제1연의 시적 진술로 인해 이는 시인 자신이 보낸 세월임에 유의할 수도 있다. 한

편, "강" 이 보낸 세월이면서 시인이 보낸 세월이 "별무리로 뜨려는가" 라는 물음을 통해, 우리는 "강" 이 보낸 세월과 시인 자신이 보낸 세월을 자연의 현상에 비추어 이해하고자 하는 시인의 마음과 만날 수 있다. 말하자면, 나의 삶과 자연의 삶 사이의 경계가 무화無化되고, 궁극적으로 양자는 시인의 마음에서 하나가 되고 있는 것이다.

바로 이처럼 자연과 내가 하나일 수 있음을 시인은 제3연에서 "고향 강, 너 없으면 나는 겨울이다" 라는 시적 진술을 통해 명확히 밝힌다. 이때의 "겨울" 이라 함은 죽음을 암시하는 것일 수 도 있거니와, "고향 강, 너 없으면 나는 겨울이다" 에서 우리는 '고향 강이 있기에 나에게 생명이 있다' 라는 뜻을 읽어 낼 수도 있다. '나를 나로서 살게 하는 것이 고향 강' 이라면 '나' 와 '고향 강' 은 나누어진 별개의 존재가 아니라 '하나' 일 수 있다. 또는 '고향 강' 으로 대표되는 자연과 나는 하나일 수 있다. 바로 이 같은 인식이 있기에 시인은 "생태계에서 일어 나는 생명 현상의/ 양상과 질감" 을 볼 수 있었던 것이리라. 아무튼, '나' 와 '고향 강' 이 하나일 수 있음을 시인은 "그리움 깊이만큼 그림자 길게 내려/ 언젠가 돌아가야 할 내 마음이 흐르고 있다" 라는 시적 진술을 통해 다시 한 번 확인케 하는데, 강물의 흐름을 다름 아닌 "내 마음" 의 흐름과 겹쳐 놓고 있다는 점에서 그러하다.

어떤 관점에서 보면, 시인 자신과 자연은 나눌 수 없는 하나라는 인식이 김복근 시인이 이번에 출간하는 시집의 전편을 지배하고 있다고 할 수 있다. 하지만 우리가 유의해야 할 것은 이 같은 시인의 인식 사이사이로 자신을 되짚어보는 시인의 모습이 보인다는 점이다. 다시 말해, 시인의 자의식이 드러나는 작품 또한 적지 않다. 물론 이때의 자의식은 야스퍼스가 서양인의 표정을 말할 때 사용한 "강한 자의식"이라는 표현과는 무관한 것이다. 말하자면, 김복근 시인이 작품에서 드러내는 자의식은 자연과의 대립과 긴장에 따른 것이 아니다. 오히려 인간과 자연 사이의 대립과 긴장에 대해 안타까워하는 마음에서 비롯된 것으로, 그는 자신이 문명에 오염된 인간 가운데 하나이자 자연을 오염시키는 인간 가운데 하나라는 점을 되짚어보고 있는 것이다. 김복근 시인의 시에서 언뜻언뜻 그 모습을 드러내는 시인의 자기 되짚어보기를 생생하게 보여 주는 작품 가운데 하나가 「소금에 관한 명상」일 것이다.

이른 아침 소금으로 머리를 감아 본다
숭숭 열린 머리카락 사이 짠물이 스며들어
바다를 그리는 마음 은빛 길을 만들고 있다
각진 소금이 둥글게 모를 깎을 즈음
내 몸의 구멍이란 구멍은 죄다 열리어
시간이 흘러갈수록 그 구멍은 커져 간다
삼투압을 하는지 땀방울이 흘러내린다
너저분하고 냄새 나는 기억들이 빠져나가며
부황 든 삶의 찌꺼기 방울방울 몰고 간다
소금에 절인 머리 찬물에 헹구면서
지명의 나이에도 오장이 뒤집히는 걸 보면

아직은 썩은 살 도려내는 새순이고 싶은 게다

—「소금에 관한 명상」 전문

어느 날 "이른 아침" 시인은 "소금으로 머리를 감아 본다." 소금으로 머리를 감다니? 의사들의 조언에 따르면, 소금으로 머리를 감는 경우 혈액 순환을 원활하게 함으로써 소염 및 살균 효과가 있다고 한다. 필경 시인은 이를 의식하고 소금으로 머리를 감아 보고자 했던 것이겠지만, 이 같은 시도는 단순한 머리감기로 끝나지 않는다. 어떤 의미에서 보면, 소금으로 머리감기는 비누나 샴푸로 머리감기와는 달리 '자연' 과의 만남일 수 있다는 점에서 그러하다. 자연과의 만남이라니? "숭숭 열린 머리카락 사이 짠물이 스며들어/ 바다를 그리는 마음 은빛 길을 만들고 있다"는 구절이 암시하듯, 소금은 시인에게 "바다를 그리는 마음"을 일깨우고 있다는 점에서 그러하다. 말하자면, 소금을 매개로 하여 시인은 바다와 만나고 있는 것이다. "각진 소금이 둥글게 모를 깎을 즈음"이라는 구절은 파도에 휩쓸려 둥글어지는 바닷가의 돌을 연상케 하기도 하거니와, 이를 통해 시인이 마음으로 만나는 바다의 이미지는 더욱 강화되고 있다.

이윽고 소금으로 인해 "내 몸의 구멍이란 구멍은 죄다 열리어/ 시간이 흘러갈수록 그 구멍은 커져 간다." 이는 물론 소금으로 머리를 문질렀을 때 생기는 신체적 변화를 말하는 것이다. 하지만 이는 단순히 "몸"에 관한 이야기가 아니라 '마음' 또는 '정신'에 관한 이야기로 겹쳐 읽히기도 한다. 이 같은 겹쳐 읽기를 가능케 하는 것은 "땀방울이 흘러내린다"는 구절에 이어지는 "너저분하고 냄새 나는 기억들이 빠져나가며/ 부황 든 삶의 찌꺼기 방울방울 몰고 간다"는 구절일 것이다. 이 구절의 "너저분하고 냄새 나는 기억"이나 "부황 든 삶의 찌꺼기"라는 표현이 암시하듯, 시인이 시를 통해 궁극적으로 말하고자 하는 것은 신체적 변화가 아니라 정신적 변화와 각성이다. '정신적 변화와 각성'이라니? 그동안 의식하지 못했던 자기 마음 내부의 너저분함과 냄새와 찌꺼기를 새삼 깨닫게 되었다는 점에서 그러하다. 어찌 보면, 이 시에 나오는 신체적 변화에 관한 이야기는 '소금으로 머리를 문지르니 땀방울이 흘러내린다'가 전부일 수 있다.

요컨대, "소금"이 시인의 마음에 "바다"라는 자연을 떠오르게 하고, 그 바다가 다시 닫혀 있고 잠들어 있던 시인의 마음을 열어 놓고 일깨우고 있음을 이 시에서 읽을 수 있다. 마치 우리가 실제로 탁 트인 바다 앞에 섰을 때 닫혀 있던 우리 마음의 "구멍이란 구멍은 죄다" 열리는 듯한 느낌에 젖어들게 되듯, 시인은 "소금"과 만나면서 그런 느낌에 젖어들게 된 것이다. 이처럼 마음이 열리고 깨어나는 것을 다른 말로 표현하자면 자신의 내면을 새삼스럽게 의식하는 것이고, 그런 의미에서 이는 우리가 말하고자 하는 '자기 되짚어보기'일 수 있다. 그리고 이 시에서는 자연과 만난 시인이 문명 속의 자기 삶을 되짚어보면서 확인하는 것은 "너저분하고 냄새 나는 기억"과 "부황 든 삶의 찌꺼기"다. 이처럼 자기 안의 너저분함과 냄새와 찌꺼기 — 말하자면, 「는개, 몸속을 지나가다」의

"중금속"과도 같은 것 — 을 새삼 의식함은 문명에 의한 정신의 오염을 시인이 자각하고 있음을 암시하는 것일 수도 있으리라.

여기에서 우리가 주목하지 않을 수 없는 것은 시인이 몸 안의 땀방울과 함께 "너저분하고 냄새 나는 기억"과 "삶의 찌꺼기"가 '빠져나간다'고 느끼고 있다는 점이다. 땀을 흘리고 났을 때 우리는 아마도 개운해지거나 가뿐해짐을 느낄 것이다. 그렇다면 "너저분하고 냄새 나는 기억"과 "삶의 찌꺼기"가 빠져나갔다면, 그때의 느낌도 개운해짐 또는 가뿐해짐이어야 하지 않을까. 하지만 이 시의 마지막을 장식하는 "지명의 나이에도 오장이 뒤집히는 걸 보면/ 아직은 썩은 살 도려내는 새순이고 싶은 게다"라는 구절이 암시하듯 시인이 말하고 있는 것은 마음의 개운해짐이나 가뿐해짐이 아니라 오히려 무거워짐이다. 마음이 오히려 무거워지다니? "썩은 살 도려내는 새순이고 싶은" 마음을 새롭게 자각하는 계기가 되었다는 점에서 그러하다. 그렇다면, 몸만 아니라 마음까지 개운해지거나 가벼워질 수 없는 이유는 무엇일까. 무엇보다도 '빠져나간다'라는 말은 의식의 저장소 — 말하자면, 잠재의 식의 세계 — 에서 잠자고 있던 기억과 삶의 찌꺼기가 그 의식의 저장소를 빠져나간다는 말로 이해해야 할 것이다. "너저분 하고 냄새 나는 기억"과 "부황 든 삶의 찌꺼기"가 의식의 저장소를 빠져나간 다음 머물 곳은 어딘가. 그곳은 다름 아닌 의식이다. 마치 우리 몸을 빠져나간 '땀'이 어떤 형태로 바뀌든 우리의 물리적 환경에 머물러 있듯. 요컨대,

시인은 너저분함과 냄새와 찌꺼기를 여전히 의식에 머물지 않을 수 없는 것이다.

"너저분하고 냄새 나는 기억"과 "부황 든 삶의 찌꺼기"가 의식의 저장소에서 빠져나와 의식 안에 머물고 있는 한, 그리하여 여전히 시인이 이를 자각하지 않을 수 없는 한, 시인의 자기 되짚어보기는 여기에서 끝날 수 없다. 따지고 보면, 자기 내부에 남아 있는 너저분함과 냄새와 찌꺼기에 대한 자각만으로 끝나는 자기 되짚어보기란 진정한 의미에서의 자기 되짚어보기라 할 수 없다. 자기 되짚어보기란 지속적으로 이어질 수밖에 없는데, '자기 자신'이란 어느 한 순간에만 있다 없어지는 것이 아니기 때문이다. 따라서 자기 자신을 잠시 동안 또는 얼마 동안 잊을 수는 있을지언정 자기 자신을 의식하고 되짚어보는 일은 계속되지 않을 수 없는 것이다. "오장이 뒤집히는" 것을 시인이 느끼고 있음은 시인의 자기 되짚어보기가 계속되고 있음을 암시하는 것일 수 있거니와, "지명의 나이" — 즉, 50의 나이 — 에 시작된 이번의 자기 되짚어보기를 통해 시인이 마침내 확인하는 것은 "새순이고 싶은" 의지다. 어찌 보면, "새순"이라는 말은 문명의 때가 끼어 있지 않은 순수한 자연적 존재를 암시하는 것일 수 있으며, 이로 인해 우리는 "너저분하고 냄새 나는 기억"과 "부황 든 삶의 찌꺼기"에서 자유로울 수 있었던 어린 시절의 자기 모습으로 돌아가, 말 그대로 자연의 일부가 되고자 하는 시인의 마음을 읽을 수 있다.

하지만 "새순이고 싶은" 의지만으로 우리가 "새순"이 될 수 있는 것은 아니다. 무엇보다도 "새순"이 되기 위해서는 "너저분하고 냄새 나는 기억"과 "부황 든 삶의 찌꺼기"로부터 완전히 해방되어야 하나, 누구도 그럴 수는 없기 때문이다. 물론 잊을 수는 있다. 하지만 그렇다고 해서 우리 의식에서 없어지는 것은 아니다. 바로 그 때문에 시인을 포함한 누구도 결코 "새순"이 될 수는 없다. 만일 시인이 이를 자각하는 가운데 무언가 택한 차선책이 있다면 그것은 무엇일까. 앞서 잠깐 거론한 바 있는 "생태계에서 일어나는 생명 현상의/양상과 질감"을 '보는' 일과 "그 내면의 이미지"를 '그리는' 일이 바로 그 차선책이 아닐까. 이 같은 일은 문명적 삶으로 인해 시인으로부터 멀어진 자연을 향해 조금이라도 더 가까이 다가가게 하는 일인 이상, "새순"이 되고자 하나 될 수 없는 시인에게 최선책은 아니더라도 차선책은 될 수 있는 것이리라. 그리고 차선책이나마 진지하게 자신의 것으로 만들고자 하는 시인의 노력이 결실로 맺은 것이 이번 시집 『는개, 몸속을 지나가다』일 것이다.

3

글을 시작하면서 이미 말한 바와 같이, 김복근 시인의 이번 시집은 자연의 "양상과 질감" 및 "그 내면의 이미지"에 대한 관찰 및 기록으로서의 작품들이 주류를 이루고 있지만, 우리는 그 사이사이를 장식하고 있는 인간에 대한 따뜻한 이해의 기록으로서의 작품까지 확인할 수 있다. 하지만 이 같은 작품들이 단순히 인간에 대한 따뜻한 이해의 기록만은 아님을 확인케 하는 예가 있으니, 아마도 이를 대표하는 작품 가운데 하나가 「지문 열쇠」일 것이다.

손발이 다 닳도록 고생하심을 실감한다
아파트 출입문에 지문 열쇠 달렸는데
어머니 엄지손가락 문을 열지 못한다
아들 딸 젊은이는 쉽사리 열리는데
어머니 닮아 가는 아내의 지문까지
제대로 알지 못하는 새 아파트의 자동문
목메인 여든 세월 바지런한 성정으로
지워져서는 안 될 지문이 지워져도
'내 삶은 지울 수 없니라' 종요로이 웃으신다

—「지문 열쇠」 전문

"어머니 엄지손가락"이 "문을 열지 못"함은 "손발이 다 닳도록 고생하심" 때문이다. 심지어 "아내의 지문까지"도 "새 아파트의 자동문"은 "제대로 알지 못"한다. 아내 역시 "손발이 다 닳도록 고생"하기 때문이리라. 따지고 보면, 시인의 아내는 시인의 아이들의 어머니다. 바로 이 때문에 어머니의 삶과 아내의 삶은 결코 다른 것일 수 없다. 문제는 지문이 없어져 문을 열 수 없음이 뜻하는 바가 무엇인가일 것이다. 물론 "고생"이 심했다는 것을 뜻한다는 답이 있을 수 있지만, 이는 지극히 일차적이고 평면적인 답일 수 있다. 이 같은 답이 답의 전부가 아님을 시인은 "내 삶은 지울 수 없니라"라는 어머니의 말씀을 통해 암시한다.

'지울 수 없는 삶'이란 과연 어떤 삶을 말하는 것일까. 따지고 보면, 이 세상에는 수많은 사람들이 삶을 살아가다 흔적도 없이 사라져 간다. 물론 가족의 기억에는 남아 있게 될지 모르지만 이 또한 세월의 흐름에 따라 희미해지게 마련이다. 하지만 시간의 흐름이라는 관점에서가 아닌 생명 자체의 관점에서 보면 어머니란 지울 수 없는 삶을 사는 존재일 수 있다. 어머니는 문자 그대로 생명의 모체이기 때문이다. 마치 자연이 생명의 잉태와 생산을 통해 영원한 삶을 살듯 어머니 역시 생명의 잉태와 출산을 통해 영원한 삶을 산다. 바로 이 때문에 어머니의 삶이란 '지울 수 없는 것'이라는 점에서 자연의 삶과 본질적으로 동일한 것일 수 있다. 사람들이 '어머니 자연'(또는 '어머니 같은 자연') — 영어로 표현하면, '마더 네이쳐mother nature' — 이라는 표현을 즐겨 사용하는 이유를 우리는 아마도 여기에서 찾을 수 있을 것이다.

우리가 제기한 문제에 대한 답도 바로 여기에서 찾을 수 있는데, 무엇보다도 "새 아파트의 자동문"이 우리를 어떤 공간으로 인도하는가를 생각해 볼 필요가 있다. 온갖 문명의 이기가 갖춰진 곳이 바로 그 공간이 아닌가. 어찌 보면, "새 아파트의 자동문"이 우리를 인도하는 곳은 첨단 문명의 공간 바로 그곳이라고 할 수 있다. 물론 그 공간에 화분을 장식품으로 들여놓기도 하지만 이는 어디까지나 장식에 지나지 않는 것일 뿐 자연 그 자체가 아니다. 이처럼 자연이 거부된 문명의 세계가 바로 "새 아파트의 자동문"을 통해 들어갈 수 있는 곳이리라. 그러니 어찌 자연과 본질적으로 다를 바 없는 존재인 어머니에게 이 "새 아파트의 자동문"을 여는 일이 가능할 수 있겠는가. 요컨대, 이 시는 자연과 하나가 되는 삶이자 너무도 자연스러운 삶을 살아온 "어머니"와 그와 같은 삶의 과정을 밟아 가는 "아내" 및 온통 문명에 침윤되어 사는 "젊은이"와 '나'에 대한 보고서일 수 있다.

바로 이런 맥락에서 볼 때, "생태계에서 일어나는 생명 현상의/ 양상과 질감"을 '보는' 일과 "그 내면의 이미지"를 '그리는' 일에 바쳐진 이번 시집 『는개, 몸속을 지나가다』에 「지문 열쇠」와 같은 작품이 포함됨은 너무나도 자연스러운 일일 수 있다. "지워져서는 안 될 지문이 지워" 짐에도 불구하고 "종요로이 웃으" 시는 어머니를 바라보는 시인 김복근의 마음이 "남강물의 흐름에서 부드러움"('자서')을 보는 그의 마음과 어찌 다른 것일 수 있으랴! 시조 형식이 제공하는 절제의 미학을 통해 펼쳐지는 시인 김복근의 시 세계, 우리 시대와 사회에 만연해 있는 인간 중심주의를 넘어서서 온유하고 따뜻한 마음으로 자연과 세상을 바라보는 시인의 마음이 담긴 시 세계가 그의 시를 읽는 모든 사람의 마음을 열어 그들의 마음에 잠들고 있는 온유함과 따뜻함을 일깨우기를 바란다.

시인 김복근/ 金卜根

1950년 경남 의령 출생
『시조문학』으로 등단
진주교대 · 창원대대학원(문학박사) 졸업
시조집『인과율』『비상을 위하여』『클릭! 텃새 한 마리』가 있으며,
저서로『노산시조론』『생태주의시조론』등이 있음
한국시조문학상 · 성파시조문학상 · 경남시조문화상 · 시민불교문화상 ·
경상남도문화상 등 수상
창원대 · 진주교대 강사, 국제신문신춘문예 · 천강문학상심사위원 등 지냄
현재 경상남도문인협회장, 경남문학관 이사장, 한국시조시인협회 부이사
장, 계간『경남문학』발행 및 편집인,『화중련』주간

E-mail: sisim33@hanmail.net

늗개, 몸속을 지나가다

지은이 | 김복근
펴낸이 | 설보혜
펴낸곳 | 시학 Poetics
1판1쇄 | 2010년 1월 25일
출판등록 | 2003년 4월 3일
주소 | 서울 종로구 명륜동1가 42
전화 | 744-0110
FAX | 3672-2674

값 8,000원

ISBN 978-89-91914-87-2 03810